Ferdinand Habersbrunner

Aroma-Drinks

Ferdinand Habersbrunner

Aroma-Drinks

Köstliche aromatisierte Mix-Getränke mit ätherischen Ölen

Joy Verlag

Danksagung

Vielen Dank an Mathias Weitbrecht, der mir beim Kampf mit dem Computer half, und an meine Mutter, die mir jenes Ungetüm geschenkt hat. Des weiteren bedanke ich mich sehr bei Familie Kempter für ihre liebevolle Unterstützung. Herzlichen Dank an alle Freunde und Bekannte für ihr Interesse und ihre Anregungen, die hier auch ihren Niederschlag gefunden haben, besonders Bettina.

Impressum:

1. Auflage 1994

Umschlaggestaltung: Kuhn Grafik und Buchdesign, Zürich
Satz: Christian und Mathias Weitbrecht,
Ravensburg / Sulzberg
Illustrationen: Christian Weitbrecht, Ravensburg
Druck: Wilhelm Uhl, Grönenbach
Bindung: Franz Kraus, Kempten

ISBN: 3-928554-07-7

Inhalt

Vorwort ... 7
Kleine Barkunde ... 9
- Der Shaker ... 9
- Das Rührglas ... 11
- Das Meßglas ... 11
- Rund um's Eis ... 11
- Die Gläser ... 12
- Die Zutaten ... 12
- Was man sonst noch alles gebrauchen kann ... 13
- Die Vorbereitung ... 13
- Das Mixen ... 13
- Maßeinheiten und ihre Abkürzungen ... 15

Wissenswertes über ätherische Öle ... 15
Die Sirupe ... 17
Alkoholfreie Aroma-Drinks ... 21
- Junges Gemüse ... 34
- Heiße Bleifreie ... 35
- Milkshakes ... 36
- »King Size« – Großmengen-Rezepte für Parties . 39

Alkoholische Aroma-Drinks ... 47
- Champagnercocktails ... 58
- Hot Specials ... 61
- »King Size« – Großmengen-Rezepte für Parties . 63

Getränkeverzeichnis ... 69
Aroma-Drinks von A bis Z ... 73
Bezugsadressen ... 77

Vorwort

Seit meinen ersten »Gehversuchen«, Mixgetränke und Cocktails mit ätherischen Ölen zu verfeinern, sind einige Jahre vergangen, Jahre des Experimentierens, des Lernens und vor allem des Erfolgs. Ätherische Öle sind nicht nur eine köstliche Alternative zu synthetischen Aromastoffen – sie verleihen den Getränken eine ganz besondere geschmackliche Note. Die Bestätigung durch Freunde und Verwandte, begeisterte Gäste und Kunden hat mich bewogen, meine Rezepte einem größeren Publikum vorzustellen, wobei auch alkoholfreie Genüsse nicht zu kurz kommen.

Im Sommer 1987 bat mich eine Bekannte, für das Fest zum einjährigen Bestehen ihrer Firma, hinter der Cocktailbar zu stehen. Da ich noch nie einen Drink gemixt hatte, war das kleine Cocktailbuch, das mir jemand zusteckte, eine willkommene Hilfe. Ich ahnte nicht, was sich aus diesem Anlaß heraus noch alles entwickeln sollte.

Die Bar lag im Schutz eines alten Birnbaums und war mit buntem Papier und Lampions geschmückt. Jemand überreichte mir zur Begrüßung ein kleines, geheimnisvolles Fläschchen, aus dem ein fruchtig frischer Hauch von Orange meine Nase verzückte. Die Cocktails fanden zu meinem Erstaunen bei den Partygästen großen Anklang, und in Experimentierlaune gekommen, mischte ich aus dem Fläschchen mit dem ätherischen Öl einen Tropfen unter einen »Moccaflip«. Dieser eine Tropfen war natürlich zu intensiv, in meiner Phantasie aber gewann der Drink in der richtigen Dosierung an Gestalt.

Auf den Geschmack gekommen, stand ich bei der nächste Party wieder hinter der Cocktailbar und mixte meine ersten Aroma-Drinks. Bereits damals verzichtete ich weitgehend auf raffinierten Zucker. Statt dessen verwende ich kaltgeschleuderten Akazienhonig, der sehr dünnflüssig ist und sich gut mit ätherischen Ölen verbindet. Sein dezenter Geschmack unterstützt das Aroma der ätherischen Öle und harmoniert mit vielen Säften und Drinks.

Ein Gastronom überließ mir bald darauf für einen eher symbolischen Betrag einen wunderschönen Blender von »Hamilton Beach« aus den 50er Jahren (ein Blender ist ein spezieller Elektromixer zum Bereiten von Cocktails und Milkshakes). Dieses fast schon als Kultgerät zu bezeichnende Utensil aus Chrom und elfenbeinfarbenem Lack stand angeblich in einer der ersten Milchbars Hamburgs während der Starclub-Ära, als die Beatles noch Johnny & The Moondogs hießen und ich leider noch in den Windeln lag.

Vom Besitzerstolz beflügelt, mixte ich mit dem Blender und einem selbst hergestellten Sirup den vielleicht ersten Aroma-Milkshake dieser Galaxis. Von nun an gab es kein Halten mehr. In Münchens renommierten Cocktailbars verbrachte ich lange Nächte, schaute den routinierten, sicher und schnell hantierenden Barkeepern, den Schamanen und Zeremonienmeistern der Szene, über die Schulter und beobachtete interessiert das bunt gemischte Publikum. Tagsüber studierte ich Cocktailbücher, Gastronomie- und Szeneführer. Immer häufiger erhielt ich Engagements als Barkeeper für Feste, auf Messen, in Diskotheken und mixte meine allmählich zahlreicher werdenden Kreationen auch in guten Restaurants und Cocktailbars. Ich hoffe, Ihnen bereiten Lektüre und Mixen ebensoviel Spaß, wie es mir Freude bereitet hat, meine Rezepte für dieses Buch zusammenzustellen. Verwöhnen Sie sich und Ihre Gäste mit einem Aroma-Drink!

Herzlichst, Ihr Ferdinand Habersbrunner

Kleine Barkunde

Damit Aroma-Drinks ein Erfolg werden und das Mixen Freude bereitet, benötigt man das richtige »Werkzeug«. Für den angehenden Barkeeper eröffnet sich ein weites Feld an Möglichkeiten zur Barausstattung. Wer sich intensiver mit der Zubereitung von Cocktails beschäftigt, wird im Lauf der Zeit seinen eigenen Stil entwickeln und wissen, welche Ausrüstungsgegenstände wichtig sind. Für den Einstieg ist folgende Basisausstattung völlig ausreichend:

Der Shaker

Der dreiteilige Shaker aus Inoxstahl ist aufgrund seiner einfachen Handhabung für den Einstieg gut geeignet und in Haushaltswarenabteilungen großer Möbelgeschäfte preiswert zu kaufen. Er besteht aus Becher, abnehmbaren Sieb und Verschluß und sollte sich leicht öffnen und dicht verschließen lassen.

Für den professionellen Umgang mit dem Boston-Shaker bedarf es etwas Geschick und Übung. Er besteht aus einem etwas größeren verchromten oder versilberten Stahlbecher und einem kleineren Becher aus Glas, der als Deckel auf den Stahlbecher gesetzt wird. Dazu gehört ein Barsieb (Strainer), das von einer Spiralfeder umrahmt ist und sich so jeder Glasgröße anpaßt. Der Shaker läßt sich schnell öffnen und verschließen und ist einfach zu säubern.

Beide Shaker sind in den verschiedensten Ausführungen erhältlich. Die ältesten Shaker sind wahrscheinlich im viktorianischen England des 19. Jahrhunderts entstanden, als die sogenannte feinere Gesellschaft ihren Gin, der schon seit Jahrhunderten das Lebenselixier der Royal Navy war, mit Whisky, Sherry, Portwein und einer Palette von Likören mixte, um ihn abwechslungsreicher genießen zu können. Der Cocktail erhielt seinen Namen vermutlich von den Federn, mit denen erst die Sommerhüte der Damen und dann die Drinks geschmückt wurden. Wenig später schwappte die Cocktailwelle über den Atlantik in die großen Hafenstädte entlang der amerikanischen Ostküste. Der endgültige Siegeszug der Mix-Drinks wurde vor allem durch eine Maßnahme ermöglicht, die eigentlich ihren Untergang in den USA hätte bedeuten sollen: die Einführung der Prohibition unter Präsident Wilson im Jahre 1919. An den durstigen Tresen Nordamerikas wurde nun Hochprozentiges in unauffälligen Säften getarnt serviert, und für den Longdrink und seine flüssigen Brüder brach eine unvergleichliche Blütezeit an. Viele der heute als Klassiker geltenden Drinks entstanden in dieser Zeit. Nach dem Scheitern der Prohibition 1933 bekam der Cocktail die beste Werbung, die sich damals denken ließ – als »Nebendarsteller« in den Filmproduktionen der Traumfabrik Hollywood.

Das Rührglas

Manche Drinks sollen im Glas ein klares Aussehen bewahren. Deshalb werden sie mit einem langen Barlöffel auf viel Eis schnell gerührt. Das hierfür verwendete Rührglas sollte gut einen halben Liter Flüssigkeit fassen können und einen Ausgießer haben. Rührgläser sind im Fachhandel erhältlich, für den Einstieg ist ein Haushaltsmeßbecher aber völlig ausreichend.

Das Messglas

Der obere Teil des Meßglases faßt 3 cl Flüssigkeit, der untere 2 cl. Für den Anfänger ist das Meßglas fast unerläßlich, um ein Gefühl für die benötigten Mengen zu entwickeln. Ein einfaches Schnapsglas mit 2 cl und 4 cl reicht jedoch für den Anfang.

Rund um's Eis

Isolierte Eiskübel sind in Spirituosen- oder Haushaltswarenläden erhältlich. Ersatzweise genügt ein Keramikgefäß oder als Notlösung sogar ein kleiner Plastikeimer.

Gutes Eis ist wichtig! Je kälter die Eiswürfel, desto schneller kühlt das geschüttelte oder gerührte Getränk ab und desto weniger wird der Drink verwässert. Durch das kalte Mixen vermischen sich auch die Zutaten besser miteinander.

Das beste Eis erhält man aus Mineralwasser in der Eiswürfelschale. Eiswürfel aus gechlortem Leitungswasser können den Geschmack der Drinks erheblich beeinträchtigen.

Gestoßenes Eis wird vor allem für tropische Drinks verwendet. Mehrere Handvoll Eiswürfel werden in ein altes Geschirrhandtuch gewickelt und mit einem Fleischklopfer oder Hammer zerstoßen. Mit »crushed ice« wird weder geschüttelt noch gerührt, es kommt direkt in das Glas. Für häufigen Gebrauch von gestoßenem Eis empfiehlt sich ein elektrischer »Ice-crusher«.

Für das Füllen des Shakers und der Gläser eignet sich eine Zange oder eine Eisschaufel. Die Eisschaufel ziehe ich einer Zange vor, da ich damit schneller arbeiten kann. Ist beides nicht vorhanden, genügt eine Schöpfkelle.

Für Kindergeburtstage lassen sich aus Säften und Früchten schöne bunte Eiswürfel herstellen. Die kleingeschnittenen Fruchtstücke werden in den Eiswürfelschalen mit Saft oder Mineralwasser übergossen und eingefroren.

Die Gläser

Cocktailschalen, große und normale Longdrink-Gläser und einige große, bauchige Gläser für exotische Drinks sollten in der Cocktailbar in genügender Anzahl vorhanden und möglichst nicht zu dünnwandig sein. Für manche Cocktails werden Champagnerschalen mindestens fünfzehn Minuten vor Gebrauch im Gefrierschrank gekühlt. Ist das Glas richtig kalt, bildet sich eine Schicht Reif und verleiht so dem Drink einen sehr schönen und geheimnisvoll wirkenden Effekt. Deshalb sollte bei Bedarf rechtzeitig daran gedacht werden.

Die Zutaten

Zur Basisausstattung in der Aromabar gehört eine Auswahl ätherischer Öle, flüssiger Honig für die Sirupe, erstklassige, nach Möglichkeit ungesüßte Fruchtsäfte (aus biologischem Anbau), frisch gepreßte Zitrussäfte aus ungespritzten Früchten, Ananassaft, am besten ungesüßt aus der Dose (teuer, aber sehr gut) und frische entrahmte Milch.

Verwenden Sie bei Alkohol bitte keine Billigprodukte, sondern nur Markenspirituosen, um Ihre Geschmacksnerven zu schonen und unliebsame Folgen am nächsten Morgen zu vermeiden.

Was man sonst noch alles gebrauchen kann

Eine weiße Bistroschürze (sieht professionell aus) oder lustige Küchenschürze, eine Zitruspresse, einen Hebelkorkenzieher mit Flaschenöffner, eventuell einige Ausgießer für die Sirupflaschen und einen Champagnerflaschen-Verschluß, eine Pfeffermühle, einen Salzstreuer, ein Schneidebrett mit Saftrinne, ein scharfes Schälmesser, Papierschirmchen, bunte Trinkhalme und Spießchen.

Die Vorbereitung

Es ist empfehlenswert, die Aroma-Bar gut vorzubereiten. Die Ingredienzen sollten in ausreichender Menge bereitstehen, und jeder Gegenstand sollte in der Bar seinen festen Platz haben (in der Fachsprache heißt das »mis en place«), damit man während des Mixens nicht hektisch nach den jeweils benötigten Dingen suchen muß. Eine Grundregel unter den Barkeepern lautet: nach Möglichkeit alles sofort nach Gebrauch spülen.

Das Mixen

Geschüttelt wird jeder Drink im *Shaker*, der Fruchtsäfte, Sirupe, Liköre, Sahne und Eigelb oder Eiweiß enthält, damit sich auch die dickflüssigen Zutaten gut verbinden. Beim Schütteln wird der Drink trüb. Üblicherweise wird waagerecht auf Brust- oder Schulterhöhe vom Körper weg geschüttelt, oder wie es auch heißt: geschüttelt wird der Drink, nicht der Barkeeper.
Gerührt werden alle Drinks im *Rührglas*, die klar und trans-

parent sein sollen, deren Bestandteile dünnflüssig sind und sich miteinander leicht verbinden. Wird der Drink »on the rocks« serviert, kann er direkt im Trinkglas gerührt werden.

Für jeden Drink wird der *Shaker* oder das *Rührglas* fast bis zur Hälfte mit Eis gefüllt. *Bei alkoholfreien Aroma-Drinks werden zuerst die Säfte, dann die Sirupe dazugegeben. Bei alkoholhaltigen Aroma-Drinks werden zuerst die Spirituosen, dann die Säfte und zum Schluß die Sirupe oder andere Additive hinzugegeben.* Für alle geschmacksintensiven Bestandteile gilt, im Zweifelsfall lieber etwas zuwenig als zuviel davon zu nehmen. Dann wird der Drink, wie es in der Fachsprache heißt, in das jeweilige Glas durch das Barsieb des Shakers »abgeseiht«, um Fruchtfleisch oder Eissplitter im Drink zu vermeiden.

Ein *Longdrink-Glas* wird in der Regel mit 3 bis 4 Eiswürfeln gefüllt, außer es ist im Rezept anders angegeben. Das benutzte Eis aus dem Shaker oder dem Rührglas sollte nur im Ausnahmefall (wenn das Eis knapp ist) für das Trinkglas verwendet werden, ansonsten wird es nach jedem Mixvorgang weggeschüttet.

Eine *Cocktailschale* (Champagnerschale) wird stets ohne Eis serviert.

Kohlensäurehaltige Drinks bitte nie schütteln oder rühren! Mineralwasser, Tonic Water oder Champagner wird nur aufgegossen und eventuell ein- bis zweimal leicht umgerührt.

Zitrussäfte sollten nach Möglichkeit frisch gepreßt sein. Die besten Säfte und die höchste Saftausbeute erzielt man mit gereiften, schon etwas runzeligen Früchten, die oft auch preiswerter sind.

Die entrahmte *Frischmilch* für Milkshakes sollte gut gekühlt sein, sonst schmeckt der Shake zu süß und leicht fade.

Die *Garnierungen* in meinen Rezepten sollen lediglich zur Anregung dienen. Ihrer eigenen Kreativität sind keine Grenzen gesetzt. Warum nicht eine Orchideenblüte mit einer hauchdünnen Orangenscheibe kombinieren und auf den Glasrand stecken?

Tolle Effekte lassen sich erzielen, wenn der Glasrand mit Zitronensaft oder bunten Sirupen befeuchtet und in Kristallzucker getaucht wird.

Maßeinheiten und ihre Abkürzungen

1 Tr	=	1 Tropfen
1 ml	=	1 Milliliter oder ca. 20 Tropfen
	=	1 Teelöffel
2 cl	=	2 Centiliter oder 1 Schnapsglas
10 cl	=	0,1 Liter oder 1 Sektglas
0,2 l	=	1 normales Longdrink-Glas
0,3 l	=	1 Glas für exotische Drinks oder ein großes Longdrink-Glas
1 l	=	1 Liter
d	=	dash (Spritzer)
g	=	Gramm
Ms	=	Messerspitze
TL	=	Teelöffel
EL	=	Eßlöffel

Wissenswertes über ätherische Öle

Ätherische Öle – auch Essenzen genannt – sind die Duft- und Aromastoffe einer Pflanze. Kontrolliert biologischer Anbau oder pflanzengerechter Standort der Wildpflanzen und der richtige Zeitpunkt der Ernte sind wichtige Voraussetzungen für die Gewinnung eines hochwertigen ätherischen Öls.

Die gebräuchlichste und traditionellste Methode zur Gewinnung der reinen Pflanzendestillate ist die Wasserdampfdestillation. Sie erfordert ein hohes Maß an Können und Erfahrung, um höchste Qualität zu erzielen. Die ätherischen Öle der Zitrusfrüchte werden durch Kaltpressung (Expression) der Schale gewonnen. Wichtig ist ein schonendes Verfahren ohne zugeführte Hitze, um so die wertvollen Bestandteile, Inhaltsstoffe und vor allem die Vitamine zu erhalten. Einige wenige ätherischen Öle wie Vanille- oder Kakaoextrakt werden durch Extraktion mit Trinkalkohol gewonnen.

Bitte achten Sie beim Einkauf von ätherischen Ölen darauf, daß sie nach den oben genannten Gewinnungsverfahren hergestellt und hundertprozentig rein sind. Die vielen Billigöle, die mittlerweile überall erhältlich sind, werden zumeist mit Hilfe chemischer Lösungsmittel ausgezogen und sind für Aroma-Drinks nicht geeignet.

Vom Gebrauch sogenannter naturidentischer Öle – das sind synthetisch hergestellte Öle sowie Mischöle, eine Kombination aus synthetischen und natürlichen Ölen – ist wegen ihrer gesundheitsschädigenden Wirkung dringend abzuraten!

Reine Öle sind häufig etwas teurer, der Preisunterschied zahlt sich aber in jeder Hinsicht aus. Sie finden diese qualitativ hochwertigen ätherischen Öle in Naturkostläden, Reformhäusern, Apotheken und speziellen Duft-Fachgeschäften.

Weiterführende Informationen rund um ätherische Öle, Kursangebote, Aroma-Kochkurse etc. finden Sie im Anhang.

Die Sirupe

Sirupe sind die Grundlage der Aroma-Drinks in diesem Buch. Sie sollten nicht in Plastik- oder unemaillierten Blechschüsseln angerührt werden, um geschmackliche Beeinträchtigungen zu vermeiden. Die Zutaten vermischen sich mit handwarmem Wasser leichter. Der fertige Sirup läßt sich am besten in einer sauberen Limonadenflasche mit 0,33 l Inhalt aufbewahren. Aromasirupe sind in der Regel mindestens ein Jahr haltbar.

Im Anhang dieses Buchs sind alle Aroma-Drinks sowohl nach den in den Rezepten angegebenen Sirupen als auch alphabetisch geordnet.

Limettensirup

250 g	Akazienhonig
2 cl	Zitronensaft (Saft einer halben Zitrone)
30 Tr	Limettenessenz
12 cl	Wasser

Den Honig mit dem Zitronensaft und den Essenzen gut verrühren. Das Wasser unter ständigem Rühren nach und nach dazugeben.

Ingwer-Mandarinesirup

250 g	Akazienhonig
8 Tr	Ingweressenz
8 Tr	Vanilleessenz
10 Tr	Grüne Mandarineessenz
2 cl	Zitronensaft (Saft einer halben Zitrone)
12 cl	Wasser

Den Honig mit dem Zitronensaft und den Essenzen gut verrühren. Das Wasser unter ständigem Rühren nach und nach dazugeben.

Lemongrass-Bergamottesirup

250 g	Akazienhonig
2 cl	Zitronensaft
8 Tr	Bergamotteessenz
4 Tr	Lemongrassessenz
12 cl	Wasser

Den Honig mit dem Zitronensaft und den Essenzen gut verrühren. Das Wasser unter ständigem Rühren nach und nach dazugeben.

Honig-Vanillesirup

250 g	Akazienhonig
15 Tr	Honigessenz
20 Tr	Vanilleessenz
12 cl	Wasser

Den Honig mit den Essenzen gut verrühren. Das Wasser unter ständigem Rühren nach und nach dazugeben.

Mocca-Orangesirup

75 ml	Espresso aus (entspricht 2 Tassen): 90 ml Wasser 10 g Espresso-Pulver
200 g	Akazienhonig
15 Tr	Orangenessenz
10 Tr	Rote Mandarineessenz
6 Tr	Clementinenessenz
12 cl	Wasser

Aus dem Espresso-Pulver und dem Wasser einen steifen Espresso bereiten. Davon 5 cl mit dem Honig und den Essenzen gut verrühren. Das Wasser unter ständigem Rühren nach und nach dazugeben.

Zedernsirup

250 g	Akazienhonig
2 cl	Zitronensaft
6 Tr	Zedernessenz
3 Tr	Spearmintessenz
12 cl	Wasser

Den Honig mit dem Zitronensaft und den Essenzen gut verrühren. Das Wasser unter ständigem Rühren nach und nach dazugeben.

Sie können Ihre eigene Kreativität spielen lassen und eigene Sirupe leicht selber herstellen. Dafür empfehle ich folgende ätherischen Öle, die Sie einzeln oder miteinander kombiniert verwenden können:

Bergamotte	Grüne Mandarine
Clementine	Orange
Grapefruit	Pfefferminze
Honig	Rosenwasser
Ingwer	Spearmint
Kakao	Vanille
Lemongrass	Zeder
Limette	Zimtrinde
Mandarine	Zitrone

Ätherische Öle sind sehr intensiv, deshalb sollten Sie sich genau an die in den Rezepten angegebene Anzahl der Tropfen halten. Besonders Zimtrinde, Pfefferminze, Zeder, Lemongrass, Spearmint und Ingwer sind vorsichtig zu dosieren.

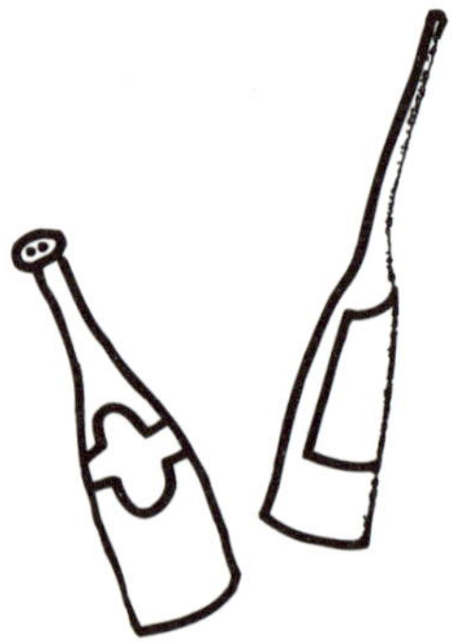

Alkoholfreie Aroma-Drinks

Longdrinks und Cocktails

Pine Line

7 cl	Maracujasaft
7 cl	Orangensaft
2 cl	Limettensirup

Limettenscheibe und Cocktailkirsche zum Garnieren

Alle Zutaten kurz und kräftig schütteln und in ein großes Longdrink-Glas auf Eis abseihen. Mit Limettenscheibe und Cocktailkirsche garnieren.

China-Gold

7 cl	Mangosaft
7 cl	Orangensaft
1 cl	Cherimoyasirup
2 cl	Limettensirup

Cocktailkirsche zum Garnieren

Alle Zutaten kurz und kräftig schütteln und in ein großes Longdrink-Glas auf Eis abseihen. Mit Kirsche ganieren.

Silver Rain

10 cl	Quittensaft
4 cl	Birnensaft
4 cl	Limettensirup

Zitronenscheibe und Cocktailkirsche zum Garnieren

Alle Zutaten mit viel Eis kurz und kräftig schütteln und in ein großes Longdrink-Glas auf Eis abseihen. Mit Zitronenscheibe und Cocktailkirsche garnieren.

Bitches' Brew (für Miles Davis)

4 cl	Schlehensaft
2 cl	Pflaumensaft
1 cl	Limettensirup
2 cl	flüssige Sahne

Die Säfte und den Sirup kurz und kräftig schütteln. In eine Cocktailschale ohne Eis abseihen. Über den Rücken eines Barlöffels langsam die Sahne in die Schale geben, so daß sich eine Schicht auf der Oberfläche bildet. Mit ruhiger Hand servieren! Auf diese Art und Weise kann man verschiedene vielfarbige Schichten zaubern. In der Sprache der Barkeeper heißt diese Art von Drink *Pousse Café*.

Red Hurricane

6 cl Grapefruitsaft
2 cl Limettensirup
2 cl Grenadine (Granatapfelsirup)
Tonic Water zum Auffüllen
Zitronenscheibe zum Garnieren

Den Saft und den Sirup kurz und kräftig schütteln. In ein großes, gefrostetes Longdrink-Glas auf Eis abseihen und mit Tonic Water auffüllen. Die Grenadine langsam dazugeben. Mit Zitronenscheibe und blauem Trinkhalm garnieren.

Limelight

8 cl Ananassaft
8 cl Bananensaft
2 cl Zitronensaft
2 cl Limettensirup

Alle Zutaten kurz und kräftig schütteln. In ein großes Glas für exotische Drinks auf eine Barschaufel gestoßenes Eis abseihen.

Roter Oktober

12 cl Birnensaft
4 cl Orangensaft
2 cl Holundersaft
2 cl Limettensirup

Birnensaft, Orangensaft und Sirup kurz und kräftig schütteln. In ein großes Longdrink-Glas auf Eis abseihen. Den Holundersaft langsam über die Eiswürfel in das Glas geben und mit ruhiger Hand servieren.

Vera

9 cl	klarer Apfelsaft
3 cl	Heidelbeersaft
1 cl	Limettensirup

Zitronenschale oder Cocktailkirsche zum Garnieren

Apfelsaft und Sirup im Rührglas auf viel Eis kurz und gefühlvoll rühren. In ein großes Longdrink-Glas auf Eis abseihen. Den Heidelbeersaft langsam über die Eiswürfel in das Glas gleiten lassen. Mit spiralförmig geschnittener Zitronenschale oder Cocktailkirsche garnieren.

Spanisches Blut

10 cl	Blutorangensaft
3 cl	roter Traubensaft
2 cl	Limettensirup

Alle Zutaten kurz und kräftig schütteln und in ein großes Longdrink-Glas auf Eis abseihen.

Whirlpool

2 cl	Blue Curaçao (alkoholfrei)
2 cl	Zitronensaft (Saft einer halben Zitrone)
4 cl	Limettensirup
1	Eiweiß

Mineralwasser zum Auffüllen
Cocktailkirsche und Zitronenscheibe zum Garnieren

Blue Curaçao, Zitronensaft, Eiweiß und Sirup mit viel Eis 15 bis 20 Sekunden kräftig schütteln. In ein großes, gefrostetes Longdrink-Glas mit Zuckerrand auf 4 bis 5 Eiswürfeln abseihen. Mit Mineralwasser auffüllen und mit einem

Barlöffel dreimal kurz umrühren. Eine Cocktailkirsche und eine hauchdünne Zitronenscheibe auf ein Spießchen stekken und quer über das Glas legen.

Golden Beach

4 cl	Bananensaft
4 cl	Orangensaft
1 cl	Honig-Vanillesirup
1 cl	Limettensirup

Grenadine (Granatapfelsirup) und Kristallzucker für den Zuckerrand

Alle Zutaten kurz und kräftig schütteln. Den Rand einer Cocktailschale in Grenadine, dann in Kristallzucker tauchen. Der Zuckerrand sollte nicht zu dick sein. Den Drink in die Cocktailschale ohne Eis abseihen.

Boomerang

9 cl	Grapefruitsaft
5 cl	Holundersaft
2 cl	Limettensirup

Grapefruitsaft und Sirup kurz und kräftig schütteln. In ein großes Longdrink-Glas auf viel Eis abseihen und den Holundersaft vorsichtig dazugeben.

Alles Zitrone?

8 cl	Orangensaft
3 cl	Grapefruitsaft
2 cl	Zitronensaft
2 cl	Limettensirup

Cocktailkirsche zum Garnieren

Alle Zutaten kurz und kräftig schütteln und in ein großes Longdrink-Glas auf viel Eis abseihen. Mit Cocktailkirsche garnieren.

Unterm Lendenschurz

6 cl	klarer Apfelsaft
1 cl	Zitronensaft
1 cl	Ingwer-Mandarinesirup

Grenadine (Granatapfelsirup) und Kristallzucker für den Zuckerrand

Alle Zutaten im Rührglas auf viel Eis rühren. Den Rand einer gefrosteten Cocktailschale in Grenadine, dann in Kristallzucker tauchen. Der Zuckerrand sollte nicht zu dick sein. Den Drink in die Cocktailschale ohne Eis abseihen.

Pataya

8 cl	Mangosaft
8 cl	Orangensaft
2 cl	Ingwer-Mandarinesirup

Alle Zutaten kurz und kräftig schütteln und in ein großes Longdrink-Glas auf Eis abseihen.

Wu Wei Special

- 5 cl Pflaumensaft
- 3 cl Birnensaft
- 2 cl naturtrüber Apfelsaft
- 2 cl Ingwer-Mandarinesirup
- Litschifrucht zum Garnieren

Alle Zutaten kurz und kräftig schütteln und in ein großes Longdrink-Glas auf Eis abseihen. Mit einer Litschi garnieren.

Pink Velvet

- 5 cl Aprikosensaft
- 3 cl Schlehensaft
- 2 cl flüssige Sahne
- 1 cl Ingwer-Mandarinesirup

Alle Zutaten kurz und kräftig schütteln und in ein großes Longdrink-Glas ohne Eis abseihen.

Taxi Driver

- 8 cl Birnensaft
- 4 cl roter Traubensaft
- 4 cl schwarzer Johannisbeersaft
- 4 cl Orangensaft
- 2 cl Ingwer-Mandarinesirup

Alle Zutaten kurz und kräftig schütteln und in ein großes Longdrink-Glas auf Eis abseihen.

Herbstfeuer

12 cl	Birnensaft
4 cl	Orangensaft
2 cl	Holundersaft
2 cl	Ingwer-Mandarinesirup

Alle Zutaten kurz und kräftig schütteln und in ein großes Longdrink-Glas auf Eis abseihen.

Mandelaugen

12 cl	Mangosaft
8 cl	Pflaumensaft
2 cl	Ingwer-Mandarinesirup

Kumquatfrucht zum Garnieren

Alle Zutaten kurz und kräftig schütteln und in ein großes Glas für exotische Drinks abseihen. Eine halbe Barschaufel gestoßenes Eis daraufgeben und mit Papierschirmchen und Kumquat garnieren.

Valparaiso

14 cl	Mangosaft
3 cl	naturtrüber Apfelsaft
3 cl	Himbeersaft
2 cl	Lemongrass-Bergamottesirup

Mangosaft, Apfelsaft und Sirup kurz und kräftig schütteln. In ein großes Glas für exotische Drinks abseihen. Eine halbe Barschaufel gestoßenes Eis daraufgeben und den Himbeersaft langsam in den Eisschnee sickern lassen, so daß eine rote Himbeerwolke auf einem gelben Mangosee schwebt.

Tropical

8 cl Ananassaft
8 cl Bananensaft
2 cl Lemongrass-Bergamottesirup
Bananenscheibe und Kakaopulver zum Garnieren.

Alle Zutaten kurz und kräftig schütteln und in ein großes Longdrink-Glas auf Eis abseihen. Mit einer zur Hälfte in Kakaopulver getauchten Bananenscheibe und Papierschirmchen garnieren.

Parana

6 cl Cream of Coconut (ohne Zuckerzusatz)
10 cl Ananassaft
10 cl Orangensaft
2 cl Lemongrass-Bergamottesirup
Grenadine (Granatapfelsirup) und Kristallzucker für den Zuckerrand
Cocktailkirsche und Ananasblätter zum Garnieren

Cream of Coconut im Wasserbad erwärmen und gut verrühren. Den Rand eines Glases für exotische Drinks in Grenadine, dann in Kristallzucker tauchen. Der Zuckerrand sollte nicht zu dick sein. Cream of Coconut, Säfte und Sirup kurz und kräftig schütteln. Den Drink in das Glas abseihen und eine halbe Barschaufel gestoßenes Eis vorsichtig dazugeben. Mit Cocktailkirsche und zwei frischen Ananasblättern garnieren.

Juicy Lucy

11 cl Sauerkirschsaft
4 cl Grapefruitsaft
2 cl Lemongrass-Bergamottesirup
Zitronenschale zum Garnieren

Alle Zutaten kurz und kräftig schütteln und in ein großes Longdrink-Glas auf Eis abseihen. Mit spiralförmig geschnittener Zitronenschale garnieren.

Früchtetraum

6 cl Rhabarber- oder Erdbeersaft
3 cl Aprikosensaft
1 cl Lemongrass-Bergamottesirup

Alle Zutaten kurz und kräftig schütteln und in eine gefrostete Cocktailschale ohne Eis abseihen.

Steife Brise

7 cl klarer Apfelsaft
2 cl Zitronensaft
1 cl Lemongrass-Bergamottesirup
Cocktailkirsche und Kiwi zum Garnieren

Alle Zutaten auf viel Eis rühren und in eine Cocktailschale ohne Eis abseihen. Mit einer Cocktailkirsche und einer Kirscheibe garnieren.

Stardust

10 cl	Birnensaft
5 cl	Orangensaft
4 cl	Grapefruitsaft
2 cl	Lemongrass-Bergamottesirup

Cocktailkirsche und Orange zum Garnieren

Alle Zutaten kurz und kräftig schütteln und in ein großes Longdrink-Glas auf Eis abseihen. Mit einer Cocktailkirsche und einer Orangenscheibe garnieren.

Dolce Vita

4 cl	Mangosaft
4 cl	Süßkirschsaft
1 TL	Zitronensaft
1 cl	Lemongrass-Bergamottesirup

Alle Zutaten kurz und kräftig schütteln und in eine gefrostete Cocktailschale ohne Eis abseihen.

Cherry Kiss

12 cl	Süßkirschsaft
4 cl	Cream of Coconut
2 cl	Honig-Vanillesirup
4 cl	flüssige Sahne

Cocktailkirsche zum Garnieren

Saft, Cream of Coconut und Honig-Vanillesirup etwa 20 Sekunden kräftig schütteln. In ein großes Longdrink-Glas auf Eis abseihen. Die flüssige Sahne langsam über die Eiswürfel geben. Mit Cocktailkirsche und blauem Trinkhalm garnieren.

Babalu

3 cl	naturtrüber Apfelsaft
3 cl	Orangensaft
2 cl	Karottensaft
1 cl	flüssige Sahne
1 cl	Honig-Vanillesirup

Alle Zutaten kurz und kräftig schütteln. In ein großes, gefrostetes Longdrink-Glas ohne Eis abseihen und flott servieren.

Jimbo (für meinen Freund Jim)

6 cl	Orangensaft
5 cl	Bananensaft
5 cl	Ananassaft
2 cl	flüssige Sahne
2 cl	Cream of Coconut
1 – 2 cl	Cherimoyasirup
2 cl	Honig-Vanillesirup

Alle Zutaten etwa 20 Sekunden kräftig schütteln. In ein großes Glas für exotische Drinks abseihen. Eine halbe Barschaufel gestoßenes Eis daraufgeben, türkisfarbenen Trinkhalm dazustecken und phantasievoll garnieren.

Esprit

6 cl	Orangensaft
2 cl	schwarzer Johannisbeersaft
1 cl	Zedernsirup

Alle Zutaten kurz und kräftig schütteln und in eine Cocktailschale ohne Eis abseihen.

Waldmannslust

5 cl Schlehensaft
2 cl Süßkirschsaft
1 cl Zedernsirup
Cocktailkirsche und Minzblatt zum Garnieren

Alle Zutaten mit viel Eis kurz und kräftig schütteln und in eine gefrostete Cocktailschale ohne Eis abseihen. Mit Cocktailkirsche und Minzblatt auf einem Spießchen garnieren.

Dry Water

8 cl weißer Traubensaft
2 cl Zitronensaft
1 cl Zedernsirup
1 Eiweiß
Tonic Water zum Auffüllen
Limettenscheibe zum Garnieren

Alle Zutaten mit viel Eis etwa 20 Sekunden kräftig schütteln und in ein großes Longdrink-Glas auf Eis abseihen. Zwei oder drei hauchdünn geschnittene Limettenscheiben an die Glasinnenseite legen und mit dem gut gekühlten Tonic Water aufgießen.

Wild Cat

6 cl Grapefruitsaft
3 cl roter Johannisbeersaft
1 cl Zedernsirup

Alle Zutaten kurz und kräftig schütteln und in ein großes Longdrink-Glas auf viel Eis abseihen.

Birdie

5 cl Schlehensaft
2 cl Hagebuttensaft
1 cl Zedernsirup
Zitronenschale zum Garnieren

Alle Zutaten kurz und kräftig schütteln und in eine gefrostete Cocktailschale ohne Eis abseihen. Mit spiralförmig geschnittener Zitronenschale garnieren.

Junges Gemüse

Pink Wazoo

6 cl Karottensaft
2 cl flüssige Sahne
1 TL Ingwer-Mandarinesirup
Cocktailkirsche und Zitronenscheibe zum Garnieren

Alle Zutaten kurz und kräftig schütteln und in eine gefrostete Cocktailschale ohne Eis abseihen. Mit Cocktailkirsche und Zitronenscheibe garnieren und frisch servieren.

Pomopazzo

15 cl Tomatensaft
2 cl Zitronensaft
2 TL Spezial-Würzöl
1 Prise Meersalz oder Selleriesalz
frisch gemahlener schwarzer Pfeffer
Zitronenscheibe und Basilikumblatt zum Garnieren

Säfte, Würzöl und Salz kurz und kräftig schütteln. In ein großes Longdrink-Glas auf Eis abseihen und mit frisch gemahlenem Pfeffer würzen. Eventuell mit Zitronenscheibe, Basilikumblatt und schwarzem oder blauem Trinkhalm garnieren.

HEISSE BLEIFREIE

LATTE MADCCHIATO SPECIALE

12 cl	heiße Milch
4 cl	Espresso
1 cl	Ingwer-Mandarinesirup
Honig	

Milch, Espresso und Sirup in einem großen Longdrink-Glas verrühren und mit Honig servieren.

HOT APPLE

12 cl	klarer Apfelsaft
5 cl	schwarzer Johannisbeersaft
1 cl	Zitronensaft
2 cl	Lemongrass-Bergamottesirup
Honig	

Säfte erhitzen, aber nicht aufkochen. Den Sirup hinzufügen und kurz umrühren. In einer dekorativen Tasse oder einem Punchglas mit Honig servieren.

Milkshakes

Milkshakes eignen sich hervorragend zum Experimentieren mit ätherischen Ölen, Sirupen und Früchten. Der Phantasie sind keinerlei Grenzen gesetzt! Säfte aus Zitrusfrüchten sollten wegen der Gerinnungsfähigkeit der Milch nicht verwendet werden, vollwertiger Ersatz dafür sind alle ätherischen Zitrusöle.

Milch ist dank ihrer Konsistenz und ihres milden Geschmacks ideal, um die verschiedensten Geschmacksnuancen, Aromen und Düfte harmonisch miteinander zu verbinden. Am besten sollte gekühlte, fettarme Milch mit etwas Honig gesüßt verwendet werden. Wie für alle Drinks gilt auch für den Aroma-Milkshake, daß er gekühlt gemixt homogen und cremig wird. Aber bitte keine Eiswürfel dazugeben!

Für Milkshakes eignen sich besonders gut folgende ätherischen Öle:

Clementine	Orange
Honig	Rosenwasser
Ingwer	Vanille
Kakao	Zimtrinde
Limette	Zitrone
Mandarine rot	

Aus 2 cl bis 4 cl eines Sirups läßt sich im Blender oder im Elektromixer mit 10 bis 15 cl frischer Milch ein Aroma-Milkshake herstellen, der in einem großen Longdrink-Glas serviert wird.

Als Anregung einige ausgewählte Rezepte:

Orient Express

15 cl	frische gekühlte Milch
4 cl	Mocca-Orangesirup
etwas Kakaopulver	

Milch und Sirup kräftig aufschäumen und im Glas mit Kakaopulver bestäuben.

S.O.S

15 cl	frische gekühlte Milch
2 – 3 TL	weißes Mandelmark
2 TL	Akazienhonig
8 d	Rosenwasser
1 Ms	Safran, gemahlen

Milch, Mandelmark, Honig und Rosenwasser aufschäumen und im Glas mit Safran bestäuben. Dazu gehört ein tiefblauer Trinkhalm!

Tropical Beach

12 cl	frische gekühlte Milch
4 cl	Cream of Coconut
2 cl	Honig-Vanillesirup
¼	reife Banane, püriert
Banane und Kakaopulver zum Garnieren	

Alle Zutaten aufschäumen. Mit Trinkhalm und einer zur Hälfte in Kakaopulver getauchten Bananenscheibe garnieren.

Honeymoon

10 cl	frische gekühlte Milch
2 cl	flüssige Sahne
2 cl	Honig-Vanillesirup
2 TL	Akazienhonig
4	Erdbeeren, püriert
1	Eigelb

Erdbeere und Puderzucker zum Garnieren

Alle Zutaten aufschäumen. Mit einer in Puderzucker getauchten Erdbeere garnieren.

Sweet Delight I

10 cl	frische gekühlte Milch
4 cl	Sanddornmark
2 cl	Honig-Vanillesirup
1 cl	Ingwer-Mandarinesirup
¼	reife Banane, püriert

Fruchtscheibe zum Garnieren

Alle Zutaten aufschäumen. Mit einer Fruchtscheibe garnieren.

Sweet Delight II

12 cl	frische gekühlte Milch
4 cl	Sanddornmark
2 TL	Akazienhonig
1 cl	Ingwer-Mandarinesirup
½	Aprikose, püriert

Alle Zutaten aufschäumen. Sofort genießen!

Aroma-Drinks eignen sich hervorragend für Anlässe aller Art wie Parties, Straßenfeste oder Sektempfänge. In den beiden Kapiteln *»King Size« – Drinks für Parties* finden Sie bereits für größere Mengen abgestimmte Rezepte. Zutaten wie Mineralwasser oder Sekt werden erst kurz vor dem Servieren dazugegeben, damit die Kohlensäure im Drink erhalten bleibt.

Pine Line

1,2 l	Maracujasaft
1,2 l	Orangensaft
0,33 l	Limettensirup

Alle Zutaten in einem 4 l fassenden Gefäß verrühren und einige Stunden kühlen. Die Menge ergibt etwa 17 Drinks, die in großen Longdrink-Gläsern auf Eis serviert werden.

China Gold

1,2 l	Mangosaft
1,2 l	Orangensaft
17 cl	Cherimoyasirup
0,33 l	Limettensirup

Alle Zutaten in einem 4 l fassenden Gefäß verrühren und einige Stunden kühlen. Die Menge ergibt etwa 17 Drinks, die in großen Longdrink-Gläsern auf Eis serviert werden.

Sayonara

0,7 l	Schlehensaft
0,33 l	Süßkirschsaft
17 cl	Zedernsirup
0,5 l	Tropical Bitter zum Auffüllen

Cocktailkirschen und Minzblätter zum Garnieren

Schlehensaft, Süßkirschsaft und Zedernsirup in einem 2 l fassenden Gefäß verrühren und einige Stunden kühlen. Die Menge ergibt etwa 17 Drinks, die in Cocktailschalen ohne Eis serviert und mit Tropical Bitter aufgefüllt werden. Je eine Cocktailkirsche und ein Minzblatt auf ein Spießchen stecken und auf die Cocktailschale legen.

Silver Rain

1,7 l	Quittensaft
0,7 l	Birnensaft
0,66 l	Limettensirup

Alle Zutaten in einem 4 l fassenden Gefäß verrühren und einige Stunden kühlen. Die Menge ergibt etwa 17 Drinks, die in großen Longdrink-Gläsern auf Eis serviert werden.

Pataya

1,7 l	Mangosaft
1,7 l	Orangensaft
16 cl	Ingwer-Mandarinesirup

Alle Zutaten in einem 4 l fassenden Gefäß verrühren und einige Stunden kühlen. Die Menge ergibt etwa 17 Drinks, die in großen Longdrink-Gläsern auf Eis serviert werden.

Cinqueterre

0,7 l	Orangensaft
0,33 l	Grapefruitsaft
0,33 l	Limettensirup
0,1 l	Zitronensaft
2 EL	Akazienhonig
0,7 l	Bitter Orange zum Auffüllen

Cocktailkirschen zum Garnieren

Orangensaft, Grapefruitsaft und Limettensirup in einem 2 l fassenden Gefäß verrühren. Den Honig mit dem Zitronensaft vermengen und dazugeben und einige Stunden kühlen. Die Menge ergibt etwa 17 Drinks, die in Cocktailschalen ohne Eis serviert und mit Bitter Orange aufgefüllt werden.

Wu Wei Special

0,85 l	Pflaumensaft
0,5 l	Birnensaft
0,34 l	naturtrüber Apfelsaft
16 cl	Ingwer-Mandarinesirup

Alle Zutaten in einem 3 l fassenden Gefäß verrühren und einige Stunden kühlen. Die Menge ergibt etwa 17 Drinks, die in normalen Longdrink-Gläsern auf Eis serviert werden.

Taxi Driver

1,4 l	Birnensaft
0,7 l	roter Traubensaft
0,7 l	schwarzer Johannisbeersaft
0,7 l	Orangensaft
0,33 l	Ingwer-Mandarinesirup

Alle Zutaten in einem 4 bis 5 l fassenden Gefäß verrühren und einige Stunden kühlen. Die Menge ergibt etwa 17 Drinks, die in großen Longdrink-Gläsern auf Eis serviert werden.

Mescalito

0,7 l	klarer Apfelsaft
17 cl	Ingwer-Mandarinesirup
0,1 l	Zitronensaft
0,7 l	Mineralwasser zum Auffüllen

Cocktailkirschen zum Garnieren

Apfelsaft, Ingwer-Mandarinesirup und Zitronensaft in einem 2 l fassenden Gefäß verrühren und einige Stunden kühlen. Die Menge ergibt etwa 17 Drinks, die in Cocktailschalen ohne Eis serviert und mit Mineralwasser aufgefüllt werden.

Red Hurricane

0,7 l	Grapefruitsaft
0,33 l	Grenadine (Granatapfelsirup)
0,33 l	Limettensirup
0,5 l	Tonic Water zum Auffüllen

Zitronenscheiben zum Garnieren

Grapefruitsaft, Grenadine und Limettensirup in einem 2 l fassenden Gefäß verrühren und einige Stunden kühlen. Die Menge ergibt etwa 17 Drinks, die in Cocktailschalen ohne Eis serviert und mit Tonic Water aufgefüllt werden.

Tropical

1,4 l	Ananassaft
1,4 l	Bananensaft
16 cl	Lemongrass-Bergamottesirup

Alle Zutaten in einem 4 l fassenden Gefäß verrühren und einige Stunden kühlen. Die Menge ergibt etwa 17 Drinks, die in großen Longdrink-Gläsern auf Eis serviert werden.

Juicy Lucy

1,9 l	Sauerkirschsaft
0,7 l	Grapefruitsaft
16 cl	Lemongrass-Bergamottesirup

Alle Zutaten in einem 4 l fassenden Gefäß verrühren und einige Stunden kühlen. Die Menge ergibt etwa 17 Drinks, die in großen Longdrink-Gläsern auf Eis serviert werden.

Esplanade

0,7 l	Birnensaft
0,33 l	Orangensaft
0,1 l	Holundersaft
0,1 l	Limettensirup
0,7 l	Mineralwasser zum Auffüllen

Birnensaft, Orangensaft, Holundersaft und Limettensirup in einem 2 l fassenden Gefäß verrühren und einige Stunden kühlen. Die Menge ergibt etwa 17 Drinks, die in Cocktailschalen serviert und mit Mineralwasser aufgefüllt werden.

Esprit

1 l	Orangensaft
0,35 l	schwarzer Johannisbeersaft
16 cl	Zedernsirup

Alle Zutaten in einem 3 l fassenden Gefäß verrühren und einige Stunden kühlen. Die Menge ergibt etwa 17 Drinks, die geschüttelt in gefrosteten Cocktailschalen ohne Eis serviert werden.

Birdie

0,9 l	Schlehensaft
0,35 l	Hagebuttensaft
16 cl	Zedernsirup

Alle Zutaten in einem 3 l fassenden Gefäß verrühren und einige Stunden kühlen. Die Menge ergibt etwa 17 Drinks, die in gefrosteten Cocktailschalen ohne Eis serviert werden.

Billys Eistee

2 l	schwarzer, aromatisch kräftiger Tee
brauner Rohrohrzucker	
0,3 l	Zitronensaft
20 cl	Limettensirup
2	Zitronen

Den Tee zwei bis drei Minuten ziehen und abkühlen lassen. Den Rohrohrzucker nach Geschmack mit dem Zitronensaft und dem Sirup verrühren, bis sich der Zucker ganz aufgelöst hat. Die Zitrone in hauchdünne Scheiben schneiden. Die Sirupmischung mit dem schwarzen Tee verrühren, die Zitronenscheiben dazugeben und einige Stunden in einem Tonkrug im Kühlschrank ziehen lassen. Eventuell noch mit etwas Zitronensaft oder Rohrohrzucker abschmecken – fertig ist ein sommerfrischer Muntermacher! Die Menge ergibt etwa 16 Drinks, die in großen Longdrink-Gläsern auf Eis serviert werden.

HOLDERWASSER

1 l	Wasser
250 g	Akazienhonig
6 – 7 g	Zitronensäure
5 cl	Ingwer-Mandarinesirup
1	Zitrone
10	Holunderblütendolden
3 l	Mineralwasser zum Auffüllen

Das Wasser zum Kochen bringen und lauwarm mit dem Akazienhonig, der Zitronensäure und dem Ingwer-Mandarinesirup verrühren. Die Zitrone in hauchdünne Scheiben schneiden und mit den Holunderblüten zu der Sirupmischung geben. Zugedeckt (nicht luftdicht abgeschlossen) in einem Tongefäß fünf Tage in einem kühlen Raum ziehen lassen. Danach wird die Flüssigkeit abgesiebt. Die Menge ergibt etwa 70 Drinks, die kurz vor dem Servieren mit Mineralwasser aufgefüllt in großen Longdrink-Gläsern auf Eis serviert werden.

Alkoholische Aroma-Drinks

Longdrinks und Cocktails

Toledo Highball

2 cl	Amaretto
8 cl	klarer Apfelsaft
1 cl	Zitronensaft
1 cl	Limettensirup

Soda zum Auffüllen
Zitronenschale

Alle Zutaten kurz und kräftig schütteln, in ein großes, gefrostetes Longdrink-Glas auf Eis abseihen und mit etwas Sodawasser auffüllen. Den Drink mit einem kleinen Stück Zitronenschale abspritzen.

Herb Fizz

4 cl	Gin
2 cl	Fernet Branca
2 cl	Limettensirup

Ginger Ale zum Auffüllen
Zitrone

Alle Zutaten kurz und kräftig schütteln und in ein großes Longdrink-Glas auf viel Eis abseihen. Zitronenscheibe dazugeben und mit Ginger Ale auffüllen.

Indian Sun

1 cl	Tequila
1 cl	Bols Red Orange
3 cl	Grapefruitsaft
1 cl	Limettensirup

Alle Zutaten kurz und kräftig schütteln und in ein gefrostetes Aperitif-Glas oder eine gefrostete Cocktailschale ohne Eis abseihen.

The Freeway

8 cl	Grapefruitsaft
2 cl	Zitronensaft
2 cl	Limettensirup
2 cl	Peppermint-Brandy

Tonic Water zum Auffüllen
Zitrone und Pfefferminzzweig zum Garnieren

Die Säfte und den Sirup kurz schütteln und in ein großes Longdrink-Glas auf viel Eis abseihen. Mit Tonic Water auffüllen und den Brandy über die Eiswürfel in das Glas fließen lassen. Mit Zitronenscheibe und Pfefferminzzweig garnieren.

White Spider (from Trinidad)

4 cl Bacardi white label
2 cl Ouzo
10 cl Grapefruitsaft
2 cl Cream of Coconut
2 cl Limettensirup
Cocktailkirsche zum Garnieren

Alle Zutaten kurz und kräftig schütteln und in ein großes Longdrink-Glas auf viel Eis abseihen. Mit Cocktailkirsche garnieren.

Sun Beach Splash

2 cl Cointreau
2 cl Peachtree
1 cl Bacardi white label
1 cl Cherry Brandy
4 cl Orangensaft
2 cl Limettensirup
1 cl Grenadine (Granatapfelsirup)
Tropical Bitter zum Auffüllen
Ananasblatt und Cocktailkirsche zum Garnieren

Alle Zutaten kurz und kräftig schütteln und in ein großes, gefrostetes Longdrink-Glas auf viel Eis abseihen. Mit Tropical Bitter auffüllen und mit frischem Ananasblatt und Cocktailkirsche garnieren.

Purple Haze

4 cl Wodka
4 cl Cherry Brandy
4 cl Orangensaft
4 cl Maracujasaft
2 cl Cassis
2 cl Limettensirup
Ananasblatt und Cocktailkirsche zum Garnieren

Alle Zutaten kurz und kräftig schütteln und in ein großes, gefrostetes Longdrink-Glas auf viel Eis abseihen. Mit frischem Ananasblatt und Cocktailkirsche garnieren.

»Bullshit« von John F. Kaye aus Dallas

4 cl Gin
4 cl Campari
2 cl Southern Comfort
2 cl Limettensirup
Grapefruitsaft zum Auffüllen

Alle Zutaten auf viel Eis rühren, in ein großes Longdrink-Glas auf Eis abseihen und mit Grapefruitsaft auffüllen.

Long Island Ice Tea

4 cl Tequila
4 cl Wodka
4 cl Gin
4 cl Bacardi white label
2 cl Limettensirup
Coca Cola zum Kolorieren

Die Spirituosen und den Sirup in einem großen, gefrosteten Longdrink-Glas auf viel Eis rühren. Zwei hauchdünne Zitronenscheiben dazugeben und mit Coca Cola auffüllen, bis der Drink die Farbe von Ice Tea annimmt.

Rappin' Pumkin

2 cl	Williams Birne
4 cl	klarer Apfelsaft
2 cl	roter Traubensaft
1 cl	Limettensirup

Alle Zutaten auf viel Eis rühren und in eine Cocktailschale ohne Eis abseihen.

Gin Gin

2 cl	Apricot Brandy
4 cl	klarer Apfelsaft
2 cl	roter Traubensaft
1 cl	Ingwer-Mandarinesirup

Alle Zutaten auf viel Eis rühren und in eine gefrostete Cocktailschale ohne Eis abseihen.

Sticky Fingers

3 cl	Brandy oder Cognac
2 cl	Apricot Brandy
3 cl	flüssige Sahne
1 cl	Ingwer-Mandarinesirup

Alle Zutaten kurz und kräftig schütteln und in eine gefrostete Cocktailschale ohne Eis abseihen.

Padang! Padang!

4 cl	Apricot Brandy
2 cl	Bacardi black label
5 cl	Orangensaft
3 cl	Cream of Coconut
3 cl	flüssige Sahne
1 cl	Ingwer-Mandarinesirup

Alle Zutaten kurz und kräftig schütteln und in ein langstieliges Weißweinglas auf zwei Eßlöffel gestoßenes Eis abseihen. Als Krönung eine tropische Blüte zur Garnierung an den Glasrand stecken!

Times Square

2 cl	Cherry Brandy
1 cl	Portwein
1 cl	Cointreau
2 cl	Orangensaft
2 cl	flüssige Sahne
1 TL	Ingwer-Mandarinesirup

Alle Zutaten kurz und kräftig schütteln und in eine Cocktailschale ohne Eis abseihen.

Lazy Sunday

2 cl	Wodka
2 cl	Amaretto
3 cl	Orangensaft
1 cl	Ingwer-Mandarinesirup

Alle Zutaten kurz und kräftig schütteln und in eine gefrostete Cocktailschale ohne Eis abseihen.

ANDY WARHOL'S BANANA DREAM NO. 2

2 cl	Batida de Coco
2 cl	Tia Maria
4 cl	Bananensaft
2 TL	Cream of Coconut
1 TL	Ingwer-Mandarinesirup

Kaffeepulver zum Garnieren

Alle Zutaten kurz und kräftig schütteln und in eine Cocktailschale abseihen. Mit Kaffeepulver bestäuben.

SLEDGEHAMMER (FÜR ZWEI)

1	große frische Feige
6 cl	japanischer Pflaumenwein
2 cl	Bourbon Whiskey (Jack Daniels)
2 cl	Southern Comfort
2 cl	Amaretto di Saronno
2 cl	flüssige Sahne
2 TL	Rohrohrzucker
2 cl	Ingwer-Mandarinesirup

Aus der Feige ein Viertel herausschneiden und für die Garnitur zurücklegen. Die anderen Zutaten zusammen mit einer Barschaufel Eis in den Elektromixer füllen und eine Minute auf höchster Stufe mixen.

Garniert mit der Feige und zwei Trinkhalmen in einem großen Glas für exotische Cocktails sofort servieren.

Tira mi su 1

2 cl	Scotch Whisky
2 cl	Amaretto
1 cl	Southern Comfort
2 cl	flüssige Sahne
1 cl	Orangensaft
1 cl	Ingwer-Mandarinesirup

Kakaopulver und Cocktailkirsche zum Garnieren

Alle Zutaten kurz und kräftig schütteln und in eine Cocktailschale ohne Eis abseihen. Mit Kakaopulver bestäuben und Cocktailkirsche garnieren.

Andy Warhol's Banana Dream No. 1

1 cl	Triple Sec oder Cointreau
1 cl	Tia Maria
6 cl	Bananensaft
1 cl	Mocca-Orangesirup

Kaffeepulver zum Garnieren

Alle Zutaten kurz und kräftig schütteln und in eine Cocktailschale ohne Eis abseihen. Mit Kaffeepulver bestäuben.

Thai Smash

4 cl	Mekhong (thailändischer Whisky)
2 cl	Bacardi white label
4 cl	Ananassaft
4 cl	Orangensaft
2 cl	Zitronensaft
2 cl	Grenadine (Granatapfelsirup)
2 cl	Lemongrass-Bergamottesirup

Tropical Bitter zum Auffüllen

Ein großes Glas für exotische Cocktails mit grünem Zukkerrand versehen und mit einer halben Barschaufel gestoßenes Eis füllen. Alle Zutaten kurz und kräftig schütteln. Den Drink in das Cocktailglas abseihen. Mit Tropical Bitter auffüllen und phantasievoll dekorieren.

TGV

4 cl Tequila
4 cl Gin
4 cl Wodka
1 cl Lemongrass-Bergamottesirup
Orangensaft zum Auffüllen

Tequila, Gin, Wodka und den Sirup in einem großen Longdrink-Glas auf Eis kurz rühren und den Drink mit Orangensaft auffüllen.

BANANARAMA

2 cl Bacardi white label
2 cl Creme de Banane
4 cl Bananensaft
1 cl Cream of Coconut
1 cl Lemongrass-Bergamottesirup
Kaffeepulver und Bananenscheibe zum Garnieren

Alle Zutaten kurz und kräftig schütteln und in eine gefrostete Cocktailschale ohne Eis abseihen. Mit einer zur Hälfte in Kaffeepulver getauchten Bananenscheibe garnieren.

Tira mi su di Pedro

2 cl	Scotch Whisky
2 cl	Amaretto
2 cl	Cointreau
1 cl	Southern Comfort
2 cl	flüssige Sahne
1 TL	Honig-Vanillesirup

Kakaopulver zum Garnieren

Alle Zutaten kurz und kräftig schütteln und in eine gefrostete Cocktailschale ohne Eis abseihen. Mit Kakaopulver bestäuben.

Alpenglühn

4 cl	Obstwasser
3 cl	flüssige Sahne
2 TL	Haselnußöl
1 TL	Akazienhonig
1 TL	Honig-Vanillesirup

Alle Zutaten auf viel Eis kurz und kräftig schütteln und in eine Cocktailschale ohne Eis abseihen.

Do the Mambo!

2 cl	Tequila
1 cl	Triple sec
1 cl	Tia Maria
2 cl	Orangensaft
1 cl	flüssige Sahne
1 cl	Honig-Vanillesirup
1	Eigelb

Alle Zutaten 20 bis 30 Sekunden kräftig schütteln. In eine Cocktailschale ohne Eis abseihen und mit einer tropischen Blüte garnieren.

Sficio

4 cl	Marsala
2 cl	Amaretto
2 cl	Vecchia Romagna
2 cl	flüssige Sahne
1 cl	Mocca-Orangesirup

Alle Zutaten auf viel Eis gut schütteln und in ein normales Longdrink-Glas ohne Eis abseihen.

Straight to hell

(der Band »The Clash« gewidmet)

4 cl	Martini rosso
2 cl	Wodka
2 cl	Bourbon Whiskey
2 cl	Triple Sec
2 cl	Zitronensaft
2 cl	Mocca-Orangesirup
1 d	Angostura (eine Art Magenbitter)
2 cl	Lemon Hart 73 %
1	Würfelzucker (aus Zuckerrohr)

Orangenschale zum Garnieren

Martini, Wodka, Bourbon, Triple Sec, Zitronensaft, Sirup und Angostura kurz und kräftig schütteln und in ein großes Longdrink-Glas auf Eis abseihen. Den Würfelzucker mit Lemon Hart tränken, anzünden, den restlichen Rum in den

Drink füllen und den Würfelzucker vorsichtig auf die Eiswürfel legen. Mit spiralförmig geschnittener Orangenschale garnieren. Rechtzeitiges Löschen nicht vergessen!

CHAMPAGNERCOCKTAILS

DRY SOCKS FOR WET SEX

1 cl	Grappa
1 cl	Zitronensaft
1 TL	Limettensirup

Asti Spumante zum Auffüllen
Zitronenscheibe und Cocktailkirsche zum Garnieren

Grappa, Zitronensaft und Sirup in der gefrosteten Cocktailschale ohne Eis kurz und kräftig verrühren und mit eisgekühltem Asti Spumante auffüllen. Mit hauchdünner Zitronenscheibe und Cocktailkirsche garnieren, salute!

PALM BEACH

1 cl	Cachaca (Pitu)
1 cl	Cassis
2 cl	Orangensaft
1 cl	Limettensirup
1 TL	Cherimoyasirup

Champagner/Sekt zum Auffüllen
Zitronenscheibe zum Garnieren

Alle Zutaten kurz und kräftig schütteln, in eine Cocktailschale ohne Eis abseihen und mit Champagner auffüllen. Mit hauchdünner Zitronenscheibe garnieren.

Für Michaela

2 cl	Wodka
1 cl	Amaretto
1 cl	Pecher Mignon
1 cl	Orangensaft
1 TL	Limettensirup
1 TL	Maracujasirup

Champagner/Sekt zum Auffüllen

Alle Zutaten kurz und kräftig schütteln, in eine Cocktailschale ohne Eis abseihen und mit Champagner auffüllen.

Stella Maris

2 cl	Apricot Brandy
1 cl	Bacardi white label
2 cl	Orangensaft
1 cl	Zitronensaft
1 cl	Maracujasirup
1 cl	Limettensirup

Champagner/Sekt zum Auffüllen
Erdbeere zum Garnieren

Die Zutaten kurz und kräftig schütteln, in ein normales Longdrink-Glas ohne Eis abseihen und mit Champagner auffüllen. Mit Erdbeere garnieren.

Melanie

2 cl	Wodka
2 cl	Cointreau
1 cl	Cherry Brandy
2 TL	Cherimoyasirup
1 TL	Ingwer-Mandarinesirup

Champagner/Sekt zum Auffüllen

Die Zutaten kurz und kräftig schütteln, in eine Cocktailschale ohne Eis abseihen und mit Champagner auffüllen.

Grand Slam

4 cl	Bourbon Whiskey (Wild Turkey)
2 cl	Cognac
½ TL	Akazienhonig
1 cl	Mocca-Orangesirup
1	Eigelb

Champagner/Sekt zum Auffüllen

Die Zutaten kurz und kräftig schütteln, in einen großen Kir-Royal-Kelch ohne Eis abseihen und mit Champagner auffüllen.

Chok a coco

10 cl	heiße Schokolade zum Auffüllen: Milch, entöltes Kakaopulver, Rohrohrzucker
2 cl	Bacardi black label
3 cl	Cream of Coconut
1 cl	Honig-Vanillesirup

Sahne und Schokoraspeln zum Garnieren

Aus heißer Milch, stark entöltem Kakaopulver und etwas Rohrohrzucker einen kräftigen Kakao bereiten. Alle Zutaten verrühren, in eine große Tasse füllen und mit Sahnehaube und Schokoraspeln bedecken.

Sweet Kisses

2 cl	Bacardi black label
2 cl	Creme de Cacao weiß
1 cl	Honig-Vanillesirup
1	Gewürznelke
0,1 l	heiße Milch zum Auffüllen

Alle Zutaten mischen, mit der heißen Milch verrühren, in eine große Tasse füllen und schnell servieren.

Hot Cream

2 cl	Bacardi black label
2 cl	Tia Maria
2 cl	flüssige Sahne
2 TL	Rohrohrzucker
1 cl	Honig-Vanillesirup
8 cl	heiße Milch zum Auffüllen

Kokosraspeln zum Garnieren

Alle Zutaten mischen, mit der heißen Milch verrühren, in eine große Tasse füllen und mit Kokosraspeln bestreuen.

Hot Chocolate

2 cl	Brandy oder Cognac
10 cl	heiße Schokolade
1 cl	Honig-Vanillesirup

Sahne und Cocktailkirsche zum Garnieren

Alle Zutaten in einer großen Tasse verrühren und mit Sahnehaube und einer Cocktailkirsche garnieren.

Café Amaretto

2 cl	Amaretto
1 cl	Mocca-Orangesirup
1	Tasse Espresso

Sahne und Kaffeepulver zum Garnieren

Alle Zutaten verrühren, in eine Tasse füllen und mit Sahnehaube und etwas Kaffeepulver krönen.

Aroma-Drinks eignen sich hervorragend für Anlässe aller Art wie Parties, Straßenfeste oder Sektempfänge. In den beiden Kapiteln *»King Size« – Großmengen-Rezepte für Parties* finden Sie bereits für größere Mengen abgestimmte Rezepte. Zutaten wie Mineralwasser oder Sekt werden erst kurz vor dem Servieren dazugegeben, damit die Kohlensäure im Drink erhalten bleibt.

Toledo Highball

0,35 l Amaretto
1,4 l klarer Apfelsaft
0,16 l Zitronensaft
0,16 l Limettensirup
0,5 l Mineralwasser zum Auffüllen
Zitronenschale

Alle Zutaten in einem 3 l fassenden Gefäß verrühren und einige Stunden kühlen. Die Menge ergibt etwa 17 Drinks, die in großen, gefrosteten Longdrink-Gläsern mit Sodawasser aufgefüllt serviert werden. Die Drinks mit Zitronenschale abspritzen.

Indian Sun

0,16 l Tequila
0,16 l Bols Red Orange
0,5 l Grapefruitsaft
0,16 l Limettensirup

Alle Zutaten in einem 2 l fassenden Gefäß verrühren und einige Stunden kühlen. Die Menge ergibt etwa 16 Drinks, die in gefrosteten Aperitif-Gläsern oder Cocktailschalen serviert werden.

Sun Beach Splash

0,35 l	Cointreau
0,35 l	Peachtree
0,16 l	Bacardi white label
0,16 l	Cherry Brandy
0,7 l	Orangensaft
0,33 l	Limettensirup
0,16 l	Grenadine
1,8 l	Tropical Bitter zum Auffüllen

Alle Zutaten in einem 3 l fassenden Gefäß verrühren und einige Stunden kühlen. Die Menge ergibt etwa 22 Drinks, die in großen, gefrosteten Longdrink-Gläsern mit Tropical Bitter aufgefüllt serviert werden.

Rappin' Pumkin

0,35 l	Williams Birne
0,7 l	klarer Apfelsaft
0,35 l	roter Traubensaft
0,16 l	Limettensirup

Alle Zutaten in einem 3 l fassenden Gefäß verrühren und einige Stunden kühlen. Die Menge ergibt etwa 17 Drinks, die in gefrosteten Cocktailschalen serviert werden.

Thai Smash

0,7 l	Mekhong (thailändischer Whisky)
0,35 l	Bacardi white label
0,7 l	Ananassaft
0,7 l	Orangensaft
0,35 l	Zitronensaft
0,35 l	Grenadine
0,33 l	Lemongrass-Bergamottesirup
1,8 l	Tropical Bitter zum Auffüllen

Peppermint-Brandy für den Zuckerrand

Die Zutaten in einem 5 l fassenden Gefäß verrühren und einige Stunden kühlen. Große Gläser für exotische Cocktails mit Zuckerrand versehen und mit einer halben Barschaufel gestoßenes Eis füllen. Die Menge ergibt etwa 17 Drinks, die mit Tropical Bitter aufgefüllt und phantasievoll dekoriert werden.

Mango-Minz-Bowle

8 – 10	reife Mangos
3 Tr	Pfefferminzessenz
4 TL	Akazienhonig
250 g	Erdbeeren
5 cl	Obstwasser
3 l	Riesling, trocken
4 Flaschen	Champagner/Sekt zum Auffüllen

Eine Mango zur Seite legen, die anderen pürieren. Die Pfefferminzessenz mit dem Honig verrühren; es wird nur eine Hälfte dieser Mischung benötigt. Die Mango und die Erdbeeren blättrig schneiden. Alles zusammen mit dem Obstwasser in einem 5 l fassenden Gefäß verrühren und einige Stunden ziehen lassen. Den Wein dazugeben und über Nacht zugedeckt kühlen. Die Menge ergibt etwa 40 Drinks, die kurz vor dem Servieren mit eisgekühltem Champagner in großen Longdrink-Gläsern auf Eis aufgefüllt werden.

Palm Beach

0,35 l Cachaca (Pitu)
0,35 l Cassis
0,35 l Orangensaft
16 cl Limettensirup
17 TL Cherimoyasirup
1 Flasche Champagner/Sekt zum Auffüllen
Zitrone zum Garnieren

Alle Zutaten in einem 2 l fassenden Gefäß verrühren und einige Stunden kühlen. Die Menge ergibt etwa 20 Drinks, die in Cocktailschalen mit Champagner aufgefüllt serviert werden. Je eine hauchdünne Zitronenscheibe in die Schalen geben.

Stella Maris

0,35 l Apricot Brandy
0,16 l Bacardi white label
0,35 l Orangensaft
0,17 l Zitronensaft
0,17 l Maracujasirup
0,16 l Limettensirup
3 Flaschen Champagner/Sekt zum Auffüllen
Erdbeeren zum Garnieren

Alle Zutaten in einem 2 l fassenden Gefäß verrühren und einige Stunden kühlen. Die Menge ergibt etwa 17 Drinks, die in normalen Longdrink-Gläsern ohne Eis und mit Champagner aufgefüllt serviert werden. Je eine Erdbeere in die Gläser geben.

Melanie

0,35 l	Wodka
0,35 l	Cointreau
0,16 l	Cherry Brandy
34 TL	Cherimoyasirup
16 TL	Ingwer-Mandarinesirup
1 Flasche	Champagner/Sekt zum Auffüllen

Alle Zutaten in einem 2 l fassenden Gefäß verrühren und einige Stunden kühlen. Die Menge ergibt etwa 17 Drinks, die in Cocktailschalen ohne Eis mit Champagner aufgefüllt serviert werden.

Verzeichnis der Aroma-Drinks

nach aromatischen Sirupen geordnet

Die mit einem * versehenen Drinks sind mit Alkohol.

Limettensirup

Alles Zitrone? 26
Billys Eistee 44
Bitches' Brew (für Miles Davis) 22
Boomerang 25
»Bullshit« von John F. Kaye aus Dallas * 50
China Gold 21, 39
Cinqueterre 41
Dry Socks For Wet Sex * 58
Esplanade 43
Für Michaela * 59
Golden Beach 25
Herb Fizz * 47
Indian Sun * 48, 63
Limelight 23
Long Island Ice Tea * 50
Palm Beach * 58, 66
Pine Line 21, 39
Purple Haze * 50
Rappin' Pumpkin * 51, 64

Red Hurricane 23, 42
Roter Oktober 23
Silver Rain 22, 40
Spanisches Blut 24
Stella Maris * 59, 66
Sun Beach Splash * 49, 64
The Freeway * 48
Toledo Highball * 47, 63
Vera 24
Whirlpool 24
White Spider * 49

Ingwer-Mandarinesirup

Andy Warhol's Banana Dream No. 2 * 53
Gin Gin * 51
Herbstfeuer 28
Holderwasser 45
Latte Macchiato Speciale 35
Lazy Sunday * 52
Mandelaugen 28
Melanie * 60, 67
Mescalito 42
Padang! Padang! * 52
Pataya 26, 40
Pink Velvet 27
Pink Wazoo 34
Sledgehammer * 53
Sticky Fingers * 51
Sweet Delight I 38
Sweet Delight II 38
Taxi Driver 27, 42
Times Square * 52
Tira Mi Su * 54
Unterm Lendenschurz 26
Wu Wei Special 27, 41

Lemongrass-Bergamottesirup

Bananarama * 55
Dolce Vita 31
Früchtetraum 30
Hot Apple 35
Juicy Lucy 30, 43
Parana 29
Stardust 31
Steife Brise 30
TGV * 55
Thai Smash * 54, 65
Tropical 29, 43
Valparaiso 28

Honig-Vanillesirup

Alpenglühn * 36
Babalu 32
Cherry Kiss 31
Choc a Coco * 61
Do The Mambo * 56
Honeymoon 38
Hot Chocolate * 62
Hot Cream 62
Jimbo 32
Sweet Delight I 38
Sweet Kisses * 61
Tira Mi Su Di Pedro * 56
Tropical Beach 37

Mocca-Orangesirup

Andy Warhols Banana Dream No. 1 * 54
Café Amaretto * 62
Grand Slam * 60
Orient Expreß 37
Sficio * 57
Straight To Hell * 57

Zedernsirup

Birdie 34, 44
Dry Water 33
Sayonara 40
Waldmannslust 33
Wild Cat 33

Aroma-Drinks von A bis Z

Die mit einem * versehenen Drinks sind mit Alkohol

Alles Zitrone? 26
Alpenglühn * 56
Andy Warhol's Banana Dream No. 1 * 54
Andy Warhol's Banana Dream No. 2 * 53
Babalu 32
Bananarama * 55
Billy's Eistee 44
Birdie 34, 44
Bitches Brew (für Miles Davis) 22
Boomerang 25
»Bullshit« von John F. Kaye aus Dallas * 50
Café Amaretto * 62
Cherry Kiss 31
China Gold 21, 39
Choc a Coco * 61
Cinqueterre 41
Do The Mambo * 56
Dolce Vita 31
Dry Socks For Wet Sex * 58
Dry Water 33
Esplanade 43
Esprit 32, 44
Früchtetraum 30

Für Michaela * 59
Gin Gin * 51
Golden Beach 25
Grand Slam * 60
Herb Fizz * 47
Herbstfeuer 28
Holderwasser 45
Honeymoon 38
Hot Apple 35
Hot Chocolate * 62
Hot Cream * 62
Indian Sun * 48, 63
Jimbo 32
Juicy Lucy 30, 43
Latte Macchiato Speciale 35
Lazy Sunday * 52
Limelight 23
Long Island Ice Tea * 50
Mandelaugen 28
Mango-Minze-Bowle 65
Melanie * 60, 67
Mescalito 42
Orient Expreß 37
Padang! Padang! * 52
Palm Beach * 58, 66
Parana 29
Pataya 26, 40
Pine Line 21, 39
Pink Velvet 27
Pink Wazoo 34
Pomopazzo 34
Purple Haze * 50
Rappin' Pumpkin * 51, 64
Red Hurricane 23, 42
Roter Oktober 23
Sayonara 40
Sficio * 57
Silver Rain 22, 40

Sledgehammer * 53
SOS 37
Spanisches Blut 24
Stardust 31
Steife Brise 30
Stella Maris * 59, 66
Sticky Fingers * 51
Straight To Hell * 57
Sun Beach Splash * 49, 64
Sweet Delight I 38
Sweet Delight II 38
Sweet Kisses * 61
Taxi Driver 27, 42
TGV * 55
Thai Smash * 54, 65
The Freeway * 48
Times Square * 52
Tira Mi Su * 54
Tira Mi Su Di Pedro * 56
Toledo Highball * 47, 63
Tropical 29, 43
Tropical Beach 37
Unterm Lendenschurz 26
Valparaiso 28
Vera 24
Waldmannslust 33
Whirlpool 24
White Spider * 49
Wild Cat 33
Wu Wei Special 27, 41

Bezugsadressen

Ätherische Öle: Naturkostläden, Reformhäuser, Apotheken

Säfte: Naturkostläden, Feinkostgeschäfte

Sirupe: Cherimoyasirup von Riemerschmidt und Grenadine (Granatapfelsirup) von Bols in Feinkostgeschäften

Angostura (Magenbitter): Feinkostläden

Kontaktadresse für Informationen über ätherische Öle, Aromatherapie, Kurse usw.:
Forum Essenzia e.V.
Gemeinnütziger Verein für Förderung, Schutz und Verbreitung der Aromatherapie und Aromapflege e.V.
Panoramastr. 17, 87477 Moosbach/Sulzberg
Tel: 08376-8591, Fax: 08376-8810

Maria Kettenring
Die Aromaküche

Gesund und phantasievoll kochen mit ätherischen Würz-Ölen

DM 29,80 SFr 29,80 ÖS 240,—
200 Seiten, Broschur, ISBN 3-928554-04-2

Maria Kettenring, die Pionierin der Aromaküche, hat ihre langjährige Erfahrung im Umgang mit den ätherischen Ölen in der Küche zusammengefaßt. Mit diesem Buch entstand eine völlig überarbeitete Neuauflage ihres gefragten und seit Jahren vergriffenen Aromakochbuches »Paradies Aromaküche«. Über 100 Rezepte, mit vielen Tips, praktischen Anleitungen und hilfreichen Informationen über ätherische Öle.